BEI GRIN MACHT SICH IHR WISSEN BEZAHLT

Roza Ramzanpour

Nikomachische Ethik, Buch I-III, V, VIII-IX

GRIN Verlag

Bibliografische Information der Deutschen Nationalbibliothek:

Die Deutsche Bibliothek verzeichnet diese Publikation in der Deutschen National-
bibliografie; detaillierte bibliografische Daten sind im Internet über http://dnb.d-
nb.de/ abrufbar.

Impressum:

Copyright © 2011 GRIN Verlag GmbH
Druck und Bindung: Books on Demand GmbH, Norderstedt Germany
ISBN: 978-3-656-07740-4

Dieses Buch bei GRIN:

http://www.grin.com/de/e-book/183456/nikomachische-ethik-buch-i-iii-v-viii-ix

GRIN - Your knowledge has value

Der GRIN Verlag publiziert seit 1998 wissenschaftliche Arbeiten von Studenten, Hochschullehrern und anderen Akademikern als eBook und gedrucktes Buch. Die Verlagswebsite www.grin.com ist die ideale Plattform zur Veröffentlichung von Hausarbeiten, Abschlussarbeiten, wissenschaftlichen Aufsätzen, Dissertationen und Fachbüchern.

Besuchen Sie uns im Internet:

http://www.grin.com/

http://www.facebook.com/grincom

http://www.twitter.com/grin_com

Aristoteles, Nikomachische Ethik: Buch I-III, V, VIII-IX

Erstes Buch: Gut

Kapitel 1: Aristoteles spricht zunächst über eine intentionale Struktur des menschlichen Handelns und sagt, dass der Mensch in all seinen Handlungen und in seinen Daseinsvollzügen auf etwas aus ist, er beabsichtigt immer etwas. Ob es sich nun um eine Fertigkeit (techné), um eine Lehre (methodos) oder um eine Tätigkeit handelt, die von sich aus schon erfüllend ist: in all diesen Bereichen verfolgen die Menschen ein Ziel, welches sie für ein Gut halten, weil dieses für sie befriedigend ist.

Es ist also laut Aristoteles so, dass wir Menschen bei jedem unterschiedlichen Tun auf ein anderes Ziel aus sind: hierfür führt Aristoteles das Beispiel an, dass die Heilkunst auf die Gesundheit eines Menschen aus ist, die Philosophie aber auf das Verstehen von Gegebenheiten. Aristoteles unterscheidet zwei Arten von Zielen:

1.	Tätigkeiten werden nicht um ihrer selbst willen getan, sondern es wird etwas beabsichtigt, was für bejahenswert gehalten wird. In diesem Fall sind Tätigkeit und Zweck verschieden.
2.	Tätigkeiten werden um ihrer selbst willen getan, sie sind also selbst der Zweck des Handelns.

Kapitel 2: Es gibt also Tätigkeiten, die nur ausgeführt werden, um ein bestimmtes Endziel zu erreichen, welches das oberste Gut ist. Dieses liegt für Aristoteles im Bereich der Staatskunst und ihr Endziel umfasst die Ziele aller Tätigkeiten. Doch was ist das Endziel, das oberste Gut? Allgemein kann man sagen, dass es die Glückseligkeit (eudaimonia) ist, die ein gutes Leben und gutes Handeln impliziert. Es ist aber umstritten, was genau das Wesen des Glückes sein soll, weil jeder Mensch das für sich unterschiedlich definiert.

Kapitel 3: Um sich den verschiedenen Glücksvorstellungen zu nähern, beschreibt Aristoteles verschiedene Lebensformen:

a) Manche Menschen streben nur nach Genuss, der die Menschen jedoch zum Untertan seiner Begierden macht.

b) Das Leben im Dienste des Staates beabsichtigt stets die Ehre, doch solch ein Leben, welches nur nach Ehre strebt, hängt von Menschen ab, die ehren, somit ist dieses von anderen abhängende Glück nicht dem Glücklichen selbst eigen.

c) Die Hingabe an die Philosophie wird an dieser Stelle nicht weiter behandelt, erweist sich später aber als das gute Leben.

d) Die Lebensform des „Geldmenschen" stellt nicht das glückliche Leben dar, da der Reichtum nur Mittel zum Zweck ist, er selbst ist nicht das gesuchte Gut an sich.

Kapitel 4: Aristoteles beginnt mit der Auseinandersetzung von Platons Konzeption des Guten und kritisiert Platons Annahme, dass die von vielen Dingen ausgesagte „Idee des Guten" existiere. Hierfür führt er folgende Argumente an:

1. „Gut" wird in mehreren Kategorien ausgesagt, wie beispielsweise in der Kategorie der Substanz, der Relation und der Qualität. Durch diese Tatsache kann es für Aristoteles keine gemeinsame „Idee des Guten" geben, das allen Kategorien auf dieselbe Weise zukäme.
2. Selbst, wenn es die „Idee des Guten" gäbe, die von der Erfahrungswelt der Menschen losgelöst ist, so wäre dieses Gut nicht durch menschliches Handeln erreichbar. Jedoch ist aber ein solches Gut, welches im Handeln erreichbar ist, Gegenstand der Überlegungen.
3. Die Erkenntnis des absoluten Gutes ist kein Hilfsmittel für ein Gut in einem bestimmten Handlungsbereich: Selbst wenn ein Zimmermann die Erkenntnis des absoluten Gutes besitzt, so kann er daraus keinen Nutzen für seine Arbeit ziehen.

Kapitel 5: Aristoteles führt die Überlegungen zum Gut fort: Bei jeder Handlung gibt es immer ein anderes Gut, somit sind nicht alle Ziele gleich Endziele. Gibt es denn ein letztes Gut, welches als Endziel aufgefasst werden kann? Wenn ja, dann muss es rein für sich genommen ein erstrebenswertes Ziel sein, was nicht Mittel zu einem anderen Zweck sein darf. Für Aristoteles erfüllt das Glück diese Eigenschaften, denn das Glück will man nur um des Glückes willen erreichen und um nichts anderes. Es genügt sich selbst und ist somit das Begehrenswerteste im menschlichen Handeln.

Kapitel 6: Aristoteles macht sich daran zu klären, was das Wesen des obersten Gutes sei: Hierbei setzt er voraus, dass jedes Wesen eine bestimmte Tätigkeit besitzt, die verrichtet werden muss, damit das Wesen Glückseligkeit erfahren kann. Als Unterstützung für seine These nimmt Aristoteles das Beispiel von Körperteilen, die alle eine besondere Funktion für den Körper erfüllen, so wie die Hand dazu erschaffen wurde, zu greifen und der Fuß, um laufen zu können. Mit Hilfe von drei inhaltlichen Aspekten lässt sich der Glücksbegriff näher definieren:

1) Glücklich ist also der Mensch, wenn er seine spezifische Tätigkeit ausführen kann.
2) Die spezifische Tätigkeit besteht aber nicht im bloßen Leben hinsichtlich der Ernährung und des Wachstums, da diese Tätigkeiten auch Pflanzen ausüben können, noch besteht sie in der Sinneswahrnehmung, da wir diese mit den Tieren teilen, sondern sie beruht in der vernünftigen Tätigkeit der Seele. Dies bedeutet, dass das Leben nach der sittlichen Vernunft gelebt wird.
3) Die spezifische Tüchtigkeit besteht darin, das Können hervorragend auszuführen.

Wichtig ist hierbei, ein Leben lang die spezifische Tüchtigkeit gemäß der sittlichen Vernunft zu führen, denn glücklich ist man nicht, wenn man diese „Regeln" nur in ein paar bestimmten Phasen des Lebens beherzigt.

Kapitel 8: Durch die Untersuchung des Glücksbegriffes unterstützt Aristoteles seine Definition, indem er zunächst die traditionelle Ansicht der Dreiteilung der Güter aufgreift: Es gibt äußere (materielle), leibliche (Gesundheit) und seelische (innere Werte) Güter, wobei hier die seelischen Güter als die höchsten gelten. Da sowohl in der traditionellen Ansicht sowie in Aristoteles Glücksbestimmung die seelischen Güter im Mittelpunkt stehen, fühlt er sich in seiner Annahme bestätigt. Zusätzlich setzt er das Sprichwort: „Der Glückliche lebt gut und handelt gut" in Beziehung zu seinem Eudaimonie- Begriff, denn bei beiden Bestimmungen gründet das Glück auf das Handeln.

Kapitel 9: Weiterhin findet er Parallelen zwischen seiner und den der allgemeinen Bestimmung des Glücks:

a) Es finden sich Menschen, die das Glück in der sittlichen Vortrefflichkeit finden. Aristoteles stimmt damit überein, da hierunter das Handeln fällt, welches die Tugenden hervorscheinen lässt. Wichtig ist hierbei aber, dass die Tugend aktiv ausgeübt wird.

b) Für viele liegt das Glück in der Lust, in der Freude, wobei diese zu den seelischen Gütern zählt. Für Aristoteles kann auch nur derjenige sittlich gut handeln, der Freude an der Ausübung findet. Diese ist also eine notwendige Bedingung für sittliches Handeln, letztere wiederum ist eine Bedingung für die Glückseligkeit.

c) Manche aber sprechen nur dann von Glück, wenn sie mit äußeren Gütern umgeben sind. Auch Aristoteles sieht die Wichtigkeit solcher Güter, da das Fehlen dieser das Glück trüben könnten.

Kapitel 10: Aristoteles untersucht nun, ob das Glück erlernt werden kann oder ob es sich um ein Geschenk der Götter handelt, das durch baren Zufall jemandem zuteil kommt. Hierzu sagt er, dass das Glück vielen offen steht, wenn sie sich darum bemühen, richtig und gut zu handeln, denn schließlich besteht das Glück ja in der „Tätigkeit der Seele im Sinne der ihr wesenhaften Tüchtigkeit". Dadurch aber können Kinder zwangsläufig nicht Anteil am Glück haben, da sie zu jung zum ethischen Handeln sind, und zudem wegen ihres Alters auch noch nicht unter Beweis stellen können, dass sie das Glück ihr ganzes Leben lang ihr eigen nennen. Die Tatsache, dass das Glück das ganze Leben lang als Wegbegleiter dient und nicht nur in bestimmten Phasen, ist unabdingbar dafür, jemanden wirklich glücklich nennen zu dürfen.

Kapitel 11: Diesen letzten Aspekt greift Aristoteles auf und stellt sich zum einen die Frage, ob man dann zu Lebzeiten eines Menschen diesen nicht glücklich nennen darf, nur weil das Ende noch fehlt und zum anderen, ob ein Toter dann, weil ja dann das gesamte Leben (und in diesem Falle glücklichen Leben) ersichtlich ist, als glücklich bezeichnet werden kann. Für Aristoteles ist hierbei wichtig, dass das echte Glück von der Verwirklichung der sittlichen Vollkommenheit abhängt, wobei diese so beständig ist, dass es gar keinen Zustand einer nicht-sittlichen Trefflichkeit geben kann. Denn wenn jemand stets nach seinen Tugenden lebt, wird er diese auch nie mehr ablegen. „Der Glückliche wird also in der Tat die gesuchte Beständigkeit des Glücks besitzen und wird so wie er ist sein ganzes Leben bleiben" (vgl. NE, I, 25).

Außerdem zeichnet sich der Glückliche auch dadurch aus, dass ihn nichts so leicht aus seinem Gleichgewicht bringt. So können auch große Veränderungen in seinem Leben stattfinden, nichtsdestotrotz wird er diese gelassen ertragen können und er wird versuchen, aus jeder noch so denkbar schlechten Situation, das Beste herauszuholen.

Um die Frage zu beantworten, ob dann nur Tote glücklich genannt werden dürfen, sofern sie ein glückliches Leben hatten, betont Aristoteles, dass es hier um Menschen gehe, und nicht um Tote. Sicherlich können Letztere zwar auch Anteil am Glück oder Unglück der Nachfahren und der Freunde haben, jedoch werden diese den Zustand des Glücks oder Unglücks des Toten nicht verändern können.

Kapitel 12: Auf die Frage, ob das Glück zu den lobenswerten oder zu den verehrenswerten Dingen gehört, antwortet Aristoteles, dass das Glück eine Grundgegebenheit und Ursache der Güter ist, weil alles Handeln darauf gerichtet wird. Deshalb ist das Glück göttlich und wertvoll und somit im höchsten Sinne verehrenswert.

Kapitel 13: Da das Glück davon abhängt, dass die Seele gemäß ihrer Tugenden handelt, so stehen nun die Tugenden im Vordergrund. Hierbei bedeutet der Begriff der Tugend die Tugenden der Seele und nicht die des Körpers. Um die Frage nach der spezifischen Tüchtigkeit der Seele zu beantworten, ist es zunächst wichtig, die Seelenkunde des Aristoteles zu erläutern:

Die Seele wird in das Irrationale und das Rationale aufgeteilt, wobei beide wiederum in ebenfalls zwei Teile gespalten werden. Das Irrationale wird erstens durch das Ernährungsvermögen und zweitens durch das Strebevermögen charakterisiert. Das Ernährungsvermögen ist jedem Lebewesen gemein und hat keinen Anteil an dem Rationalen. Im Gegensatz hierzu steht das Strebevermögen, welches sehr wohl auch an dem rationalen Element teilhaben kann. Es beinhaltet eine Kraft, die nach richtigen und guten Zielen strebt, aber auch eine, die sich dem Rationalen widersetzt. Zugleich hat auch das Rationale zwei Aspekte: Zum einen das eben genannte, nämlich das Strebevermögen, und zum anderen das Rationale im eigentlichen Sinne.
Nun zurück zu der Frage nach der spezifischen Tüchtigkeit der Seele: Ihre Tugend wird in die dianoetische und die ethische Tüchtigkeit differenziert. Dabei bezeichnet die letztere die Vorzüge des Charakters, wie beispielsweise die Besonnenheit eine ist, und die dianoetische Tüchtigkeit beschreibt die Vorzüge des Verstandes, so wie die Intelligenz eine ist. Schließlich bestimmt Aristoteles Wesensvorzüge als Haltungen, die Anlass zum Lob geben.

Zweites Buch: Tugend

Kapitel 1: Die dianoetischen Vorzüge werden durch Lehre ausgebildet, die ethischen durch Gewöhnung. Durch bestimmte Alltagssituationen erwachsen daraus Handlungen, die durch Wiederholung verfestigt werden. Diese festen Grundhaltungen bestimmen dann unseren Charakter und somit wird deutlich, dass dieser tatsächlich nur durch Gewöhnung entsteht. Es ist also sehr erheblich, wie wir unseren Mitmenschen gegenüber treten, denn solche Haltungen und Handlungen bestimmen unser Wesen (II, Kapitel 1).

Kapitel 2: Aristoteles betont, dass Philosophen deshalb philosophieren, weil sie das Ziel verfolgen, bessere Menschen zu werden. Es geht ihnen nicht nur um eine Erkenntnis, die man theoretisch daraus gewinnen kann, sondern es geht um das Handeln, welches einem dazu verhelfen soll, ein wertvoller Mensch zu werden.
Die sittliche Tugend, die man in seinem Verhalten aufgenommen hat, wird nur durch eine entsprechende Tätigkeit erst gelernt. Es ist wichtig, erst die Tätigkeit auszuführen, um dann eine feste Grundhaltung erwerben zu können. Als Beispiel führt Aristoteles an, dass jemand, der tapfer sein will, sich erst daran gewöhnen muss, Gefahren ohne Furcht zu meistern, bis er

zu dem Punkt gelangt, dieses spielerisch leicht tun zu können. Aber woher weiß man, dass man an eben diesem Punkt angelangt ist? Das Anzeichen hierfür ist die Empfindung von Lust oder Unlust. Hat man das Gefühl von Freude, wenn man bestimmte Taten ausführt, so weiß man, dass man die entsprechende Tugend erworben hat. Empfindet man aber Unlust und muss man sich immer noch zwingen, etwas Bestimmtes auszuführen, so kann noch nicht von der entsprechenden Tugend die Rede sein. Aristoteles bringt acht Aspekte an darüber an, inwiefern sich unser Charakter durch Lust oder Unlust entfaltet:

1. Von Natur aus streben wir danach, nur lustvolle Dinge zu tun und Unlustvolles zu vermeiden. Daher ist eine richtige Erziehung vonnöten, die uns Lust- und Unlustempfindungen an den richtigen Stellen lehrt, also die Wichtigkeit bestimmter Aspekte zeigt und diese mit Lust oder Unlust verbindet.
2. Unsere Tugenden sind mit Lust-/Unlustempfindungen verbunden
3. Aus diesem Grund werden Strafen eingesetzt, damit durch die hervorgebrachte Unlustempfindung das Gegenteil ausgeübt wird und man somit zur entsprechenden Tugend gelangt.
4. Der vortreffliche Charakter ist in der Lage, in Bezug auf Lust und Unlust vorbildlich zu handeln, also ungeachtet dieser beiden Empfindungen das Richtige zu tun.
5. Solch einem vortrefflichen Charakter ist es möglich, die richtige Entscheidung zwischen dem, was man erstrebt, also das Schöne, das Nützliche und das Angenehme, und dem, was man vermeidet, also dem Hässlichen, dem Schädlichen und dem Unangenehmen, zu treffen.
6. Da die Lust von Beginn an in uns vorhanden ist, ist es sehr schwer, nicht in Bezug auf sie zu handeln.
7. An unserem Handeln legen wir daher auch den Maßstab der Lust oder Unlust an.
8. Da es viel schwerer ist, gegen die Lust anzukommen als gegen den Zorn, ist es höherwertig, wenn man dies aber trotzdem schafft. Daran misst sich dann auch der vortreffliche Charakter.

Als Ergebnis ist dann festzuhalten, dass

a) die Tugenden sich bezüglich der Lust- und Unlustempfindungen herausbilden
b) sie sich aus dieser Ursache heraus verfestigen können
c) sie sich überhaupt verwirklichen können, wenn bereits vorher nach ihnen gehandelt wird.

Wichtig ist dabei zu beachten, dass die Tugenden, die erworben wurden, durch ein Übermaß an ein Zuviel oder ein Zuwenig zerstört werden.

Kapitel 3: Aristoteles diskutiert die Problem-aufbringende Aussage, dass man erst dann tugendhaft wird, wenn man tugendgemäß handelt. Das Problem hierbei ist, dass ein tugendgemäßes Handeln jedoch Tugendhaftigkeit voraussetzt, wobei diese Tatsache der vorher genannten Aussage widerspricht. Aristoteles Lösung ist die Folgende: Es ist durchaus möglich, Handlungen als tugendgemäß zu bezeichnen, wenn drei Bedingungen dabei erfüllt werden, nämlich dass sie wissentlich, willentlich und unerschütterlich getätigt werden. Hingegen kann aber sich der ausführende Mensch nicht ohne Weiteres tugendhaft nennen, nur weil er eine tugendgemäße Handlung ausführt. Um als tugendhaft zu gelten, ist es nötig, die tugendgemäße Handlung auch „im selben Geiste" (II, Kap. 3, 41) zu vollziehen.

Kapitel 4: Hier wird die Frage gestellt, was die sittliche Tüchtigkeit ist. Als Optionen bietet Aristoteles zum einem irrationale Regungen, zum anderem Anlagen und schließlich feste Grundhaltungen an. Irrationale Regungen werden deshalb ausgeschlossen, weil diese starke seelische Empfindungen beinhalten, die in bestimmten Situationen auftauchen. Die sittliche Tüchtigkeit hingegen taucht weder nur gelegentlich auf, sondern sie ist von Dauer, noch entsteht sie aus dem Affekt heraus, sondern aus guter Überlegung. Weiterhin können Menschen wegen ihrer irrationalen Regungen weder gelobt noch getadelt werden, wegen ihrer sittlichen Tüchtigkeit hingegen schon.

Aber auch die Anlagen können nicht als Definition für die sittliche Tüchtigkeit gelten, da auch sie keinen Anlass zum Lob oder Tadel geben. Mitunter sind sie uns angeboren, die sittliche Tüchtigkeit jedoch nicht.

Übrig bleibt also nur die feste Grundhaltung.

Kapitel 5: Hier wird erläutert, dass die sittliche Tüchtigkeit eine Art von Mitte ist, durch die das Richtige in der richtigen Weise und in der richtigen Situation getroffen wird. Die sittliche Minderwertigkeit hingegen zeichnet sich entweder durch ein Zuviel, oder durch ein Zuwenig aus, nie aber durch ein richtiges Maß.

Aristoteles unterscheidet das Mittlere in Beziehung auf das Ding selbst, wobei hier die Rede vom arithmetischen Mittel ist, und in Beziehung zu uns, wobei hier die Mitte nicht ein und dasselbe für alle Menschen darstellt.

Kapitel 6: Hier beschreibt Aristoteles, dass die sittliche Tüchtigkeit dem Begriff nach eine Mitte ist, dem Rang nach ein Äußerstes. Weiterhin sagt er, dass nicht jede Handlung und jede irrationale Regung eine Mitte besitzen, da sie in sich selbst bereits negativ sind und sich auch nicht relativieren lassen. Beispielsweise kann weder Neid als irrationale Regung, noch Ehebruch als Handlung eine Mitte besitzen, sie sind an sich schon schlecht. Es kann also bei Übermaß und Unzulänglichkeit keine Mitte gefunden werden, zusätzlich kann eine Mitte an sich weder in die Richtugn des Übermaßes noch in die der Unzulänglichkeit ausschlagen.

Kapitel 7: Der Begriff der Mitte wird exemplarisch auf Einzelfälle angewendet:

– Verwegenheit	Tapferkeit	Feigheit
– Zügellosigkeit	Besonnenheit	Stumpfsinnigkeit
– Verschwendungssucht	Großzügigkeit	Knauserigkeit
– Großmannssucht	Großgeartetheit	Geschmacklosigkeit
– dummer Stolz	Hochsinnigkeit	Engsinnigkeit
– Jähzorn	ruhiges Wesen	Phlegma

Kapitel 8: Es gibt verschiedene Gegensatzverhältnisse zwischen den Extremen und der Mitte:

1.) So erscheint die Mitte ihrer entsprechenden Unzulänglichkeit als Übermaß, ihres Übermaßes hingegen als Unzulänglichkeit.

2.) Stärker noch ist der Gegensatz zwischen den beiden Extremen, da diese weiter voneinander entfernt sind.

3.) Es gibt Ähnlichkeiten zwischen der Mitte und einem der Extremen. Beispielsweise ähnelt sich die Großzügigkeit mit der Verschwendungssucht, weniger aber mit der Feigheit. Letztere steht in schärferem Gegensatz zur Mitte. Als Grund hierfür sieht Aristoteles die Tatsache, dass allgemein diejenigen Extreme eher im Gegensatz zur Mitte stehen, zu der die Menschen sich leichter entwickeln.

Kapitel 9: Es ist nicht leicht, die Mitte zu bestimmen und danach zu handeln, „daher ist richtiges Verhalten selten" (NE, II, Kapitel 9, Seite 52).
Um aber trotzdem zur Mitte zu gelangen, muss man sich von dem entfernen, was einen größeren Gegensatz zu ihr darstellt. Weiterhin müssen wir uns von denjenigen Richtungen fernhalten, in die wir uns von Natur aus begeben würden. Und schließlich muss man die Lust meiden, da diese es verhindert, dass wir objektiv urteilen.

Drittes Buch: Zurechenbarkeit

Kapitel 1: Aristoteles stellt sich die Frage, welches Handeln als freiwillig und welches als unfreiwillig gelten darf. Um die Begriffe näher zu bestimmen, legt er fest, dass unter unfreiwilligem Handeln diejenigen gelten, die unter Zwang verübt werden (Ursache liegt in den äußeren Zuständen) und die, die aus Unwissenheit geschehen. Es gibt aber auch Handlungen, die einen Mischcharakter aufweisen, da sie nur unter gewissen negativen Umständen ausgeführt werden bzw. Ausgeführt werden müssen, jedoch die Tat an sich freiwillig geschieht, da das Prinzip, welches die Gliedmaßen bewegt, von einem selbst stammt.
Aristoteles kritisiert die Annahme, dass Mächte wie das Lustvolle und das Schöne auf die Menschen einen Zwang ausüben, so dass das Handeln, welches nach diesen Zielen strebt, unfreiwillig sei. Für Aristoteles würde dann aber jedes Handeln unter Zwang verübt werden, weil unsere Begierde nach eben solchen Zielen freiwillig erfolgt. Gleichzeitig dürfte man sonst auch nicht lobende Taten uns selbst zuschreiben, denn diese müssten konsequenterweise auch unfreiwillig geschehen.

Kapitel 2: (1) Es muss bezüglich der Unwissenheit, unter der Handlungen unfreiwillig erfolgen, unterschieden werden:

a) Wenn jemand aus Unwissenheit eine bestimmte Handlung verübt, und danach kein negatives Gefühl deswegen empfindet, so hat er die Tat nicht freiwillig vollzogen.

b) Wenn jemand jedoch Bedauern bei einer aus Unwissenheit vollzogenen Handlung empfindet, so hat er die Tat nicht freiwillig und unfreiwillig ausgeführt.

(2) Ebenfalls Unterschied zwischen Unwissenheit und (vermeidbarem) Nichtwissen.

(3) Ein minderwertiger Mensch ist in Unwissenheit darüber, was angebracht ist, daher hat er einen ungerechten Charakter. Jedoch ist diese Unwissenheit nur Ursache über die Minderwertigkeit, nicht über die Unfreiwilligkeit. Nur die Unwissenheit des Konkret-Einzelnen ist Ursache der Unfreiwilligkeit. Das Konkret-Einzelne umfasst Umstände und Gegenstände des Handelns, die Aristoteles folgendermaßen abgrenzt:

a) Wer handelt?
b) Was wird getan?
c) Worauf richtet sich das Handeln?
d) Welche Hilfsmittel werden benutzt?
e) Mit welcher Absicht wird gehandelt?
f) Wie wird gehandelt?

Unfreiwillig hat also derjenige gehandelt, der über einen der Umstände in Unwissenheit gewesen ist. Dabei ist aber zu berücksichtigen, dass Gefühle wie Missbehagen oder nachträgliches Bedauern danach empfunden werden müssen, um von Unfreiwilligkeit sprechen zu dürfen.

Kapitel 3: Hier diskutiert Aristoteles, warum Handlungen, die durch Zorn oder Begierde verursacht sind, nicht als unfreiwillig gelten dürfen:
a) Man könnte sonst bei keinem Lebewesen mehr von freiwilligen Handlungen sprechen.
b) Es gibt sehr wohl freiwillige Handlungen, die durch Zorn oder Begierde ausgelöst werden, wenn man bedenkt, dass man gewisse Dinge im Leben begehren oder zürnen sollte, z.B. sollte man danach streben, Wissen zu erwerben.
c) Handlungen, die vor allem von Begehren begleitet werden, bringen eine Lustempfindung zustande. Wären solche Handlungen aber unfreiwillig, entstünde ein Widerspruch, da grundsätzlich unfreiwillige Handlungen Missbehagen verursachen und nicht Lust.
d) Zorn und Begierde als irrationale Regungen kommen bei uns Menschen sehr häufig vor, somit können sie nicht als unfreiwillig gelten.

Kapitel 4: Eine Entscheidung weist als wesentliches Merkmal Freiwilligkeit auf, jedoch fallen beide Begriffe nicht miteinander zusammen, denn der Begriff der Entscheidung hat einen noch viel weiteren Umfang. Er kann aber nicht Begehren sein, da diese miteinander in Gegensatz stehen können: Man kann sich für etwas entscheiden, ohne dabei sein Begehren miteinzubeziehen, Die Entscheidung kann aber auch nicht eine Aufwallung sein, da Handlungen, die durch starke Emotionen getätigt werden, keine Entscheidung berücksichtigen. Zudem kann der Begriff der Entscheidung aber auch nichts mit Wünschen zu tun haben, denn letztere können sich auch auf Unmögliches beziehen, Entscheidungen aber nur auf mögliche Entwicklungen. Schließlich ist sie auch nicht eine Meinung, da diese sich im Gegensatz zu einer Entscheidung auf alles erstreckt, auch auf Dinge, worüber nicht viel Wissen vorhanden ist. Was also ist nun eine Entscheidung, wenn sie nichts mit den vorher genannten Beschreibungen zu tun hat? Aristoteles kommt zu dem Schluss, dass sie etwas Freiwilliges ist, dem eine gründliche Überlegung vorausgeht.

Kapitel 5: Gegenstand unserer Überlegungen sind Dinge, die wir mit Hilfe unserer eigenen Macht verändern können, wie z.B. unsichere Wissensgebiete, die veränderbar und ausbaufähig sind. Dabei richtet sich unsere Überlegung nur auf die Mittel zum Ziel, nämlich darauf, wie und auf welche Weise Dinge veränderbar sind, nicht, <u>ob</u> sie veränderbar sind. Der Überlegung ist die Vorstufe der Entscheidung, denn eine Entscheidung wird zumeist erst dann gefällt, wenn vorher eine gründliche Überlegung stattgefunden hat.

Kapitel 6: Aristoteles diskutiert hier, dass das Wünschen bei dem hochwertigen Menschen das Gute an sich zum Ziel hat, bei dem minderwertigen Menschen wird das Ziel des Guten nur als solches gehalten. Der edle Charakter ist in der Lage, das Gute an sich und das vermeintlich Gute voneinander zu trennen und er wünscht sich das, was in Wahrheit auch ein Gut ist. Dem minderwertigen Menschen erscheinen gewisse Dinge nur als ein Gut, auch wenn sie es in Wahrheit gar nicht sind. So wünschen sich solche Menschen den Genuss, weil sie es für ein Gut halten.

Kapitel 7: Der Mensch ist selbst sowohl für seine Tugenden, als auch für seine Fehler verantwortlich, denn er selbst ist das bewegende Prinzip seiner Handlungen. Es werden Menschen schuldig gesprochen, wenn sie aus verschuldeter Unwissenheit gehandelt haben, da sie ihre Unwissenheit hätten vermeiden können. Fehler, bei denen wir die Macht haben, sie zu verändern, können uns zum Vorwurf gemacht werden.

Weiterhin erörtert Aristoteles, dass ein Mensch sogar verantwortlich gemacht werden kann für das, was ihm anfänglich als Gut erschienen war und sich als das Gegenteil zeigte. Der Grund dafür ist, dass der Mensch Urheber dessen war, was für ein Mensch aus ihm geworden ist und seine Wesensart nämlich sucht sich das Gut aus. Wenn er also zur Verantwortung gezogen werden kann wegen seiner Wesensart, so auch dann für seine Ziele, die er sich gesetzt hat. Aristoteles Fazit daraus ist, dass sittliche Trefflichkeit ebenso wie sittliche Minderwertigkeit in unserer Verantwortung liegen.

Kapitel 8: Zusammenfassung des bisher Gesagtem (über die Tugenden):

- die sittliche Tüchtigkeit ist die Mitte zwischen zwei Extremen
- sie ist eine feste Grundhaltungen
- sie auszuführen, steht in unserer Macht
- somit ist sie etwas Freiwilliges
- sie wirkt durch eine vorherige Planung

Das Freiwillige bei Handlungen und festen Grundhaltungen ist unterschiedlich:

a) Handlungen führen wir von Anfang bis zum Ende freiwillig aus.
b) Bei den festen Grundhaltungen können wir nur am Anfang frei entscheiden.

Kapitel 9: Hier findet eine Überleitung zu den Einzelbetrachtungen der Tugenden statt. Dabei wird die Tugend Tapferkeit als erste behandelt: Diese zeigt sich vor allem an der schwersten Erprobung, nämlich dem Tod. Tapfer ist also derjenige, der sich vor dem Tod in Ehre nicht fürchtet.

Kapitel 10: Jemand, der hinsichtlich der Tapferkeit maßlos verwegen ist, nennt man den „sinnlosen Draufgänger". Solch ein Mensch will nur den Schein der Tapferkeit bewahren, kommt es aber zum Ernstfall, so zieht er sich zurück. Der Feige empfindet zu viel Angst zum falschen Zeitpunkt, er ist „ein Mann von kläglicher Mutlosigkeit" (NE, III, Seite 74). Der Tapfere hingegen hat weder zu viel Angst, noch ist er ein sinnloser Draufgänger. Wenn es nötig ist, empfindet er keine Furcht und handelt zum richtigen Zeitpunkt und auf die richtige Weise. Das Endziel seines Handelns ist stets das Sittlich-edle.

Kapitel 11: Es gibt fünf Erscheinungsformen der Tapferkeit:

(1)   Tapferkeit des Bürgerheeres: Tapferkeit wegen des Strebens nach Ehre und dem Meiden von Verwerflichem. Solch eine Tapferkeit muss ohne Zwang resultieren. (Echte Tapferkeit)

(2)   Als tapfer gelten diejenigen Menschen, die praktische Erfahrung in bestimmten Bereichen besitzen und somit befähigt sind, richtig zu handeln. (Scheinbare Tapferkeit)

(3)   Tapferkeit verbunden mit Zorn: Wer des Ruhmes willen handelt und der Zorn dabei mitwirkt, kann ebenfalls als tapfer bezeichnet werden. Vorausgesetzt, man hält sich an den vorher durchdachten, richtigen Plan. (Echte Tapferkeit)

(4)   Es ist tapfer, wenn man plötzlichen Gefahren, die urplötzlich einbrechen, standhält. Dies zeichnet die feste Grundhaltung aus. (Echte Tapferkeit)

(5)   Als tapfer werden solche Menschen bezeichnet, die die eigentliche Gefahr nicht kennen und daher sich dem entgegenstellen. (Scheinbare Tapferkeit)

Kapitel 12:   Tapferkeit hat es im Zuge der Realisierung eher mit Schmerz und Anstrengung zu tun, als mit Lust. Allein die Aussicht auf das Endziel, welches etwas Angenehmes ist, wie z.B. der Ruhm, lässt ihn solche Situationen tapfer meistern.

Kapitel 13: Nun wird die Besonnenheit behandelt. Diese bezieht sich auf Lustempfindungen bezüglich des Tasts- und des Geschmackssinnes. Solche Empfindungen im Übermaß werden Zuchtlosigkeit genannt und weisen animalische Züge auf, da wir diese Eigenschaft mit den Tieren teilen. Besonnen ist derjenige, der das Untersagen einer Lustempfindung nicht bedauert.

Kapitel 14: Der Besonnene findet nur Genuss an Dingen, bei denen es auch erlaubt ist, und dies auch nur in den richtigen Maßen. Falls solch ein Genuss ihm mal versagt bleiben muss, empfindet er darüber auch kein Bedauern.

Kapitel 15: Die Freiwilligkeit ist bei der Zuchtlosigkeit stärker vertreten als bei der Feigheit: Die Einzelhandlungen erfolgen alle freiwillig .

Das Verhältnis der Zuchtlosigkeit findet sich in der kindlichen Zuchtlosigkeit wieder: So wie diese durch Erziehung den Anordnungen des Erziehers gehorcht, so muss das Begehrende dem rationalen Element untergeordnet werden.

Buch V: Gerechtigkeit

Kapitel 1: Es wird eine vorläufige Definition über Gerechtigkeit gegeben: Gerechtigkeit ist eine bestimmte Haltung, mit der man gerecht handelt und ein Verlangen nach dieser besitzt.

Kapitel 2: Es gibt eine doppelte Bedeutung für Gerechtigkeit:

(1)   Achtung vor dem Gesetz
(2)   Achtung der bürgerlichen Gleichheit

Die erste Form ist die allgemeine und die zweite Form die spezielle Gerechtigkeit.

Diesen beiden Formen entsprechen zwei Formen der Ungerechtigkeit:

(1)   Entsprechend ist ungerecht derjenige, der gegen die Gesetze handelt.
(2)   Zudem ist der ungerecht, der mehr haben will.

Kapitel 3: Der Begriff der Gerechtigkeit umfasst im allgemeinen Sinn alle Tugenden unter dem Gesichtspunkt, dass sie in Bezug auf die Mitmenschen gesetzt werden.

Kapitel 4: Abhebung der spezifischen Ungerechtigkeit von der allgemeinen Ungerechtigkeit: Wenn jemand aus Gewinnsucht handelt, ist das ein Fall von spezieller Ungerechtigkeit, weil er „mehr haben will".

Kapitel 5: Gerechtigkeit

1. Verteilungsgerechtigkeit: Güter, öffentliche Anerkennung
2. ausgleichende Gerechtigkeit: Regelung von vertraglichen Beziehungen

2.1 freiwillig: Zinsdarlehen, Miete, Kauf und Verkauf
2.2 unfreiwillig

2.2.1 heimlich: Diebstahl, Ehebruch
2.2.2 gewaltsam: Totschlag, Misshandlung

Kapitel 6: Die Verteilungsgerechtigkeit muss sich auch als mittlere Haltung verstehen lassen, deren Mitte die Ausrichtung auf Gleichheit ist. Diese Art der Gleichheit nennt Aristoteles die geometrische oder proportionale Gleichheit. Demnach sind Gleichverteilungen, bei denen Ungleiche das Gleiche erhalten, ungerecht. Die Verteilung soll nach dem Aspekt ihres Verdienstes, ihres Wertes variieren. Somit sollen also Gleiche Gleiches und Ungleiche Ungleiches erhalten. Gerecht also ist folgende Verteilung: *Das Verhältnis des Verdienstes von Person A zu Person B ist proportional zu dem Verhältnis des Anteils von Person A zu Person B.*
Diese Verteilung ist für Aristoteles gerecht, und alles, was dagegen verstößt, ist ungerecht.

Kapitel 7: Bei der ausgleichenden Gerechtigkeit steht im Vordergrund der arithmetische Gleichheitsbegriff. So spielt hierbei keine Rolle, ob ein guter oder ein schlechter Mann ein Delikt begangen hat, sondern nur, dass er es getan hat und wie hoch der Schaden ausgefallen ist. Ein Richter sorgt dafür, dass die vorherige Situation, in der beide gleich gestellt waren, weil jeder „das seine" hatte, wiederhergestellt wird, indem er den „Gewinn" wieder entzieht.

Kapitel 8: Aristoteles verdeutlicht, dass Wiedervergeltung vor allem in den geschäftlichen Beziehungen der Menschen von Bedeutung ist. Vergeltung in dem Sinne, weil Gleiches mit Gleichem vergolten wird. In ihrer proportionalen Form schafft die Vergeltung eine Gemeinschaft, indem sie Ausgleich durch eine Mittelinstanz gestattet. Diese Mittelinstanz ist das Geld, welches ermöglicht, dass alles an ihm gemessen werden kann. Der Ausgleich durch das Geld wird nur dadurch garantiert, dass ein Bedarf an bestimmten Dingen oder Dienstleistungen vorhanden ist, und somit regelt der Bedarf den Zusammenhalt einer Gemeinschaft. Damit es Wertbeständigkeit gibt, müssen alle Tauschgüter einen festgelegten Preis haben, welcher mit Geld ausgeglichen werden kann. Geld schafft also Gleichheit, Gleichheit schafft Austausch und Austausch schafft Gemeinschaft.

Kapitel 9: Gerechtigkeit ist die Mitte von Unrecht-tun und Unrecht-erleiden. Ferner ist sie eine Grundhaltung, die sich dadurch zeigt, dass freiwillig das Gerechte getan wird. Wenn es um Verteilungen geht, so handelt er nach der proportionalen Gerechtigkeit. Ungerechtigkeit ist das Gegenteil davon.

Kapitel 10: Aristoteles spricht hier vom politischen Recht, welches das Verhältnis von Menschen, die frei und gleich sind, betrifft. Das politische Recht wird zum einem durch das Naturrecht und zum anderen durch das Gesetzesrecht bedingt. Dabei bedarf das erste Recht keiner Zustimmung, es hat überall seine Geltung, und das zweite Recht macht festgelegte Bestimmungen verbindlich.

Nun erörtert Aristoteles die Frage, welche ungerechten Handlungen es erlauben zu behaupten, dass der Täter ein ungerechter Mensch ist? Seine Antwort ist, dass jede ungerechte Handlung, die sowohl unter vollem Wissen als auch mit vorheriger Entscheidung getätigt wurde, den Täter als ungerecht darstellen darf. Trotzdem unterscheidet Aristoteles noch ungerechte Handlungen, die aber durch das Ausführen den Täter an sich nicht ungerecht machen:

(1)   Ein ungerechtes Handeln, welches einen Schaden auslöst, den man nicht erwartet hat, kann als unglücklicher Zufall bezeichnet werden.
(2)   Ist der Schaden eingetreten, den man auch erwartet hat, jedoch ohne Böswilligkeit, ist das ein irrtümliches Handeln.
(3)   Ein ungerechtes Handeln, welches mit vollem Wissen jedoch ohne vorherige Überlegung ausgeführt wurde, ist ein Akt der Ungerechtigkeit, der Täter jedoch nicht an sich ungerecht.

Kapitel 11: Auf die Frage, ob ein Unrecht-erleiden ein freiwilliger Akt ist, gibt Aristoteles ein klares Nein. Kein Mensch möchte wirklich Unrecht leiden und er würde dies auch niemals freiwillig entgegennehmen, daher erfolgt ein Unrecht-erleiden unfreiwillig.

Kapitel 12: Aristoteles stellt die Frage, ob derjenige Unrecht tut, der jemand anderem zu viel gegeben hat und selber weniger nimmt, oder derjenige, der zu viel bekommt? Hierauf antwortet er, dass nur der Handelnde Unrecht tun kann, also derjenige, der freiwillig mehr gibt.

Kapitel 13: Für Aristoteles ist es nicht leicht, gerecht oder ungerecht zu sein, noch Recht oder Unrecht zu erkennen. Er betont, dass es hierbei um eine feste Grundhaltung handeln muss, und diese zu erlangen, ist sehr wohl schwierig. Zwar ist es nicht mühevoll, inhaltlich die Gesetze zu verstehen, jedoch sogar sehr, zu wissen, wie man diese ausführen muss.

Kapitel 14: Aristoteles gibt zu, dass das Gesetz Lücken aufweist und nicht alle Einzelfälle unter einem allgemeinen Beschluss behandeln kann. „Die Güte in der Gerechtigkeit", die Billigkeit, kann als eine Korrektur des nicht vollkommenen Gesetzes verstanden werden.derjenige, der sein Recht nicht kleinlich genau verfolgt und bereit ist, sich mit weniger zufrieden zu geben, der handelt nach dieser Güte. Diese Güte hat einen höheren Wert als eine bestimmte Form des Gerechten.

Kapitel 15: Hier diskutiert Aristoteles die Frage, ob man sich selbst Unrecht tun kann. Seine Antwort ist ein Nein. Als Beispiel nimmt er jemanden, der Selbstmord begeht: Das Gesetz verbietet eigentlich eine solche Tat, doch jemand, der trotzdem Selbstmord begeht, tut Unrecht nicht sich selbst, sondern dem Staat, weil es das Gesetz missachtet hat.

Buch VIII: Freundschaft

Kapitel 1: Die Freundschaft spielt eine besondere Rolle für den Einzelnen und für den Staat: Ob ein Mensch nun reich, arm, jung oder alt ist, in jeder Lebenslage sind Freunde von großer Wichtigkeit. Sie helfen einem in Not, sie motivieren zu edlen Taten, sie machen auf ein falsches Denken aufmerksam. Die Freundschaft erzeugt ein Zusammengehörigkeitsgefühl, was ausschlaggebend dafür ist, dass der Staat so zusammengehalten wird. Sie kommt ohne Rechtsschutz aus, doch die Gerechtigkeit würde nicht ohne Freundschaft auskommen, sie ist auf sie angewiesen. Insgesamt ist die Freundschaft sowohl etwas Notwendiges als auch etwas Edles.

Kapitel 2: Aristoteles führt drei Gründe an, weshalb Menschen sich befreunden:

1.)   Man kann mit jemanden wegen der Lust willen befreundet sein, also weil man sich bei der Erreichung lustbringender Erlebnisse hilft.
2.)   Der Nutzen kann aber auch eine große Rolle spielen. Man ist befreundet aufgrund eines bestimmten Nutzens, den man sich durch diese Freundschaft gegenseitig verschafft.
3.)   Schließlich ist da auch noch das Wertvolle an sich. Man ist befreundet, weil man den Gegenüber schätzt und ihn als wertvoll betrachtet, nicht um eines Nutzens willen, sondern um der Person willen. Man empfindet ihm gegenüber ein Wohlwollen und das zeichnet eine echte Freundschaft aus.

Kapitel 3: Die Freundschaft, die aufgrund eines Nutzens geschlossen wurde, findet sich vorwiegend bei älteren Menschen, da diese nicht mehr Lust erstreben. Unter jungen Menschen findet sich eher die Freundschaft, die der Lust hinterherjagt. Für junge Menschen steht im Vordergrund nur das, was Lust verschafft. Da diese sich aber rasch ändert, so sind auch die Freundschaften nicht von Dauer. Beide Arten, nämlich die Freundschaft der Lust und des Nutzens willen, kann nicht standhalten, weil Menschen sich verändern. Wenn also etwas nicht mehr angenehm oder nützlich ist, so gibt es auch keinen Grund mehr, länger an so einer Freundschaft festzuhalten.

Kapitel 4: Menschen in einer vollkommenen Freundschaft sind einander in ihrer Trefflichkeit gleich: Sie sind an sich trefflich und wünschen dem anderen von Herzen das Gute. Dadurch ist ihre Freundschaft von langer Dauer, weil die Trefflichkeit, die ja selbst von langer Dauer ist, sie miteinander verbindet. Weiterhin bietet diese Form der Freundschaft ihnen auch Lust und Nutzen, sie ist also in jeder Hinsicht vollkommen. Solche Freundschaften kommen aber nicht sehr häufig vor. Um so eine Art auch überhaupt erreichen zu können, ist es von großer Wichtigkeit, sich Zeit zu geben und einander zu vertrauen. Der Prozess der Freundschaft ist also ein langer, jedoch hält er dafür auch sehr lange.

Kapitel 5: Die Freundschaftsformen der Lust und des Nutzens ähneln der vollkommenen Form, denn wie bereits gesagt, die vollkommene Freundschaft bereitet den Freunden ebenfalls Lust und Nutzen. Um die Frage, wer alles miteinander befreundet sein kann, antwortet Aristoteles, dass

a) die Minderwertigen untereinander befreundet sein können
b) der Gute mit dem Minderwertigen
c)Menschen, die weder gut noch minderwertig sind,

wenn bei ihnen die Motive Lust und Nuten sind.
Weiterhin sagt Aristoteles, dass nur die vollkommene Freundschaft im eigentlichen Sinne verstanden werden kann, und die anderen Formen lediglich ihr ähneln.

Kapitel 6: Die Freundschaft zeichnet sich genauso wie das Gute sowohl hinsichtlich ihrer festen Grundhaltung, als auch in ihrer Verwirklichung aus: Die Verwirklichung kann dadurch verstanden werden, dass man zusammenleben und seine Tage mit dem Freund verbringen möchte. Die feste Grundhaltung beweist, dass man jederzeit dazu bereit wäre, es vielleicht nur deswegen nicht tut, weil man räumlich voneinander entfernt ist.

Kapitel 7: Aristoteles verdeutlicht, dass es nicht möglich ist, mit mehreren Menschen eine vollkommene Freundschaft einzugehen, denn es sei ja auch nicht möglich, mit mehreren ein Liebesverhältnis zu beginnen. Vor allem aber liegt der Grund in der Erfahrung, die man mit bestimmten Menschen sammeln muss und das gegenseitige Vertrauen, um von einer vollkommenen Freundschaft überhaupt reden zu können.
Zudem bezeichnet Aristoteles die Freundschaft um der Lust willen eher als eine echte Freundschaft als die um des Nutzens willen eine ist. Denn die Lust zeichnet sich durch angenehme Freunde aus, wonach sogar ein glücklicher Mensch eher streben würde als nach

einem Nutzen. Schließlich will ja keiner unangenehme Freunde haben.

Kapitel 8: Die drei genannten Formen der Freundschaft zeichnen sich durch Gleichheit der Partner aus. Doch nun führt Aristoteles eine weitere Form ein, nämlich eine Freundschaft, die auf Überlegenheit des einen Partners beruht. Überlegener ist er deshalb, weil er der wertvollere oder nützlichere Teil ist, somit verdient er auch mehr als er als Gegenleistung erbringen muss. Wenn jedem nach seiner Würdigkeit entgegengebracht wird, was er verdient, entsteht wieder Gleichheit, welche ja eine Freundschaft ausmacht.

Kapitel 9: Aristoteles unterscheidet Gleichheit in Bezug auf das Recht von Gleichheit in Bezug auf Freundschaft: Das Recht wählt den Begriff der Gleichheit als erstes, indem sie auf Würdigkeit achtet und als zweites auf das exakte Maß. Bei der Freundschaft ist es genau umgekehrt.
Zudem sagt Aristoteles, dass keine Freundschaft mehr bestehen kann, wenn der Abstand der Gleichheit zu groß wird. In einer echten Freundschaft wünscht man dem anderen zwar das Gute, aber vorausgesetzt der andere bleibt im Wesen gleich, so, dass man noch Freunde bleiben kann.
Weiterhin gibt es viele Menschen, deren Ziel es ist, eher geliebt zu werden als selber zu lieben, weil sie sich in ihrem Wert bestätigt fühlen. Andererseits gibt es auch Menschen, deren Ziel es ist, Liebe zu geben, ohne Rücksicht darauf, ob sie etwas zurückbekommen. So gibt es beispielsweise viele Mütter, die ihre Kinder bedingungslos lieben.

Kapitel 10: Der Wesensvorzug bei einer vollkommenen Freundschaft ist das Erweisen der Freundesliebe. Solche Freundschaften sind beständig. Bei Freundschaften unter Menschen in entgegengesetzten Verhältnissen geht es vor allem um Nutzen.

Kapitel 11: In jeder Gemeinschaftsform, die ja nur Teile der staatlichen Gemeinschaft sind, existiert eine Verbindlichkeit von Freundschaft und Recht, die aber in den verschiedenen Gemeinschaften unterschiedlich ist. So ist beispielsweise das Rechtsverhältnis zwischen Eltern und Kinder und zwischen Brüdern untereinander unterschiedlich. Dementsprechend sind dann Formen des Unrechts ebenso unterschiedlich, sie sind schwerwiegender, je näher uns die Partner in einer bestimmten Gemeinschaft stehen.
Es gibt Gemeinschaften, die entweder um des Nutzens willen oder um der Lust willen bestehen. Ihnen entsprechen dann auch besondere Formen der Freundschaft.

Kapitel 12: Aristoteles nennt drei Grundformen staatlicher Verfassung und drei Abarten. Die Grundformen sind die folgenden: Königtum, Aristokratie und Timokratie. Hierbei ist das Königtum die beste Verfassung, weil es auf das Gemeinwohl ausgerichtet ist. Die schlechteste hierbei ist die Timokratie.
Folgende drei Abarten werden genannt, die die jeweiligen Gegensätze der Grundformen darstellen: Tyrannis, Oligarchie und Demokratie. Die schlimmste Abart ist die Tyrannis und die am wenigsten schlimmste die Demokratie.
Zudem erläutert Aristoteles, dass in den Hausgemeinschaften sich diese Formen der Verfassungen wiederfinden: So ist das Verhältnis zwischen Vater und Sohn wie die eines Königtums, da der Vater um das Wohl seines Sohnes besorgt ist. Bei den Persern hingegen gleicht sie einer Tyrannis, da der Sohn wie ein Sklave gehalten wird. Das Verhältnis des

Mannes zu seiner Frau ist wie die einer Aristokratie, weil er in den Dingen herrscht, für die er zuständig ist. Will er aber überall herrschen, so gleicht sein verhalten eher der einer Oligarchie. Das Verhältnis der Brüder kann aufgrund ihrer Gleichheit mit der Timokratie verglichen werden. Bei Gemeinschaften ohne Oberhaupt redet man dann von einer Demokratie.

Kapitel 13: In jeder staatlichen Verfassungen gibt es Freundschaft in dem Maße, wie es dort Recht gibt. Herrschaftsverhältnisse wie die des Königtums oder in analoger Weise die Herrschaft des Vaters, begründen sich in ihrer Freundschaftsform auf ihre Überlegenheit, weshalb sie auch Ehrerbietung erfahren. Ihr Rang räumt ihnen mehr Rechte ein, so wie das auch bei einer Freundschaft auftritt: derjenige, der mehr Wert hat, muss nicht das gleiche zurückgeben, wie er empfängt.

Ebenso verläuft das in den übrigen Herrschaftsverhältnissen, wobei anzumerken ist, dass die Tyrannei nicht viel Raum für Freundschaften und somit auch für Rechtsverhältnisse lässt.

Kapitel 14: Es gibt verschiedene Formen der verwandtschaftlichen Freundschaft: Das Verhältnis der Eltern zum Kind drückt sich in der Liebe der Eltern zum Kind aus, weil dieses ein Teil von ihnen ist. Das Verhältnis von Brüdern untereinander zeichnet sich durch ihren Ursprung aus, der sie zu etwas Identischem macht. Das gemeinsame Aufwachsen und die Gleichaltrigkeit haben im allgemeinen einen großen Einfluss auf die Freundschaften.

Das Verhältnis zwischen Mann und Frau ist von Natur aus vorhanden, weil Menschen von Natur aus nicht nur nach Fortpflanzung streben, sondern auch nach Aufgabenteilung: In einer Hausgemeinschaft teilen sich Mann und Frau die Aufgabe, jeder ist für seinen Bereich verantwortlich. Gleichzeitig verbindet sie ein gemeinsames Gut, nämlich ein Kind, das aus ihnen entstanden ist.

Kapitel 15: Über die Freundschaftsformen lässt sich zusammenfassend sagen, dass jede der Formen auf der Grundlage der Gleichheit oder Ungleichheit auftreten können. So kann in der vollkommenen Freundschaftsform beide Partner gleich oder ungleich sein, ebenso sieht es bei der Form um des Nutzens willen und um der Lust willen aus. Bei der Grundlage der Gleichheit müssen sich alle Leistungen auf eine exakte Gleichheit verwirklichen lassen. Bei der Form der Ungleichheit muss die Leistung der Überlegenheit proportional sein.

Nur bei der Nutzenfreundschaft treten Vorwürfe und Beschwerden auf, weil jeder auf seinen eigenen Vorteil bedacht ist. Es lassen sich hierbei eine Gesinnungs- und eine Satzungsfreundschaft unterscheiden, wobei Vorwürfe deshalb zustande kommen, weil beide Partner nicht von Anfang an dieselbe Art der Nutzenfreundschaft eingegangen sind: Die Satzungsfreundschaft basiert auf genaue Festlegungen, wobei die Verbindlichkeit der Leistung und Gegenleistung genau festgesetzt ist. Bei der Gesinnungsfreundschaft ist dies nicht der Fall. Hier kann ein Partner nur mit einer Gegenleistung rechnen. Wichtig dabei ist auch, dass der Empfänger einer Leistung sich vorher gut überlegt, ob er diese annimmt. Tut er dies, so muss er diese mindestens in der Höhe zurückerstatten, wie er sie in Anspruch genommen hat.

Kapitel 16: Zu Streitigkeiten kann es auch bei Freundschaften kommen, bei denen ein Partner dem anderen überlegen ist. Der Überlegene findet, er müsse mehr erhalten, weil er einen höheren Wert besitzt, der geringere Partner aber erwartet, dass der Überlegene ihm hilft, weil er in Not ist. Aristoteles Antwort darauf ist, dass der Überlegene mehr Ehre zuteil werden soll, weil Ehre der „Lohn der Tüchtigkeit" ist. Dem geringeren Partner sollen mehr äußere Güter zukommen, da diese für ihn Hilfe in der Not sind.

Buch IX: Freundschaft

Kapitel 1: Probleme bei Freundschaftsverhältnissen treten dann auf, wenn die Partner etwas Unterschiedliches als Gegenleistung erwarteten als sie bekamen. Es sollte also vorher ein gegenseitiges Übereinkommen über den Wert der Leistung stattgefunden haben, damit später keine Missverständnisse auftreten. Aristoteles findet, dass der Empfänger der Leistung den Wert zu bestimmen habe, da der tatsächliche Wert, den er sich von dieser Leistung versprechen kann, ein anderer ist, als der Geber glaubt zu leisten.

Kapitel 2: In der Freundschaft gibt es Konflikte hinsichtlich der Pflichten, die man zu leisten hat. Allgemein lässt sich sagen, dass eine Schuld stets zurückerstattet werden müsste, doch hierbei muss auf die Dringlichkeit geachtet werden, die Vorzug gegenüber allem anderen hat. Weiterhin sagt Aristoteles, dass man nicht gegenüber jedem Menschen immer dieselbe Verpflichtung hat, sondern demjenigen das leistet, was er verdient.

Kapitel 3: Im Falle der Lust und des Nutzens kann ohne Bedenken eine Freundschaft aufgelöst werden, wenn diese Aspekte irgendwann nicht mehr vorhanden sind. Wie sieht es aber aus bei vollkommenen Freundschaften? Hier ist es nur möglich, wenn einer der Partner seine Tugenden aufgibt und zu einem minderwertigen Menschen wird. Zwar sollte man zuerst versuchen, ihnen zur Besserung zu verhelfen, doch ist diese aussichtslos, so kann eine Trennung erfolgen. Dasselbe ist der Fall bei einer vollkommenen Freundschaft, wenn einer der Partner noch vollkommener wird und sich mehr Tugenden aneignet, und zwar in so einem Maß, dass ein großer Abstand der Gleichheit zwischen den Partnern besteht.

Kapitel 4: Folgende fünf Merkmale einer Freundschaft können auch auf die Freundschaft zu sich selbst angewendet werden:

(1)   Man wünscht und tut dem Freund um seiner Person willen das Gute
(2)   Man wünscht dem Freund sein Dasein
(3)   Man teilt das Leben miteinander
(4)   Man entscheidet sich für dieselben Dinge
(5)   Man teilt Freude und Schmerz

Diese Merkmale besitzt der Gute sowie der Minderwertige in der Freundschaft zu sich selbst, aber nicht der ganz Minderwertige, da an ihm nichts liebenswertes ist und sie deshalb kein freundschaftliches Gefühl zu sich selbst hegen können.
Kapitel 5: Wohlwollen kann als Vorreiter der Freundschaft angesehen werden, sie ist aber keineswegs identisch mit ihr, denn sie entspringt aus dem Augenblick heraus und bleibt nur an der Oberfläche. Mit seinem Wohlwollen wünscht man dem anderen das Gute, jedoch ist man nicht bereit, sich anzustrengen. Aber erst, wenn letzteres gegeben ist, kann von einer Freundschaft gesprochen werden.

Kapitel 6: Eintracht als freundschaftliches Verhältnis bezieht sich auf ein gemeinsames Interesse, das von allen geteilt und entsprechend ausgeführt wird. Es geht nicht dabei um persönliche Vorteile. Aristoteles zufolge findet sich Eintracht nur bei den Guten, da diese mit sich und untereinander in Harmonie sind. Das, was sie wünschen, entspricht dem, was rechtens und nützlich ist. Hingegen werden minderwertige Menschen durch Zwietracht charakterisiert. Sie sind nur auf ihr persönliches Vorteil aus.

Kapitel 7: Der Geber einer Wohltat empfindet für den Empfänger mehr Freundschaft als umgekehrt. Aristoteles sieht die Gründe darin, dass der Geber seine Wohltat als sein Werk betrachtet. Sein Werk ist die Ausführung einer Möglichkeit, die im Schöpfer gegeben ist, und somit als Wirklichkeit erfahren werden kann. Zudem kann der Geber sich an seinem Handeln erfreuen, welches schön und edel ist. Schließlich aber ist das Erweisen einer Wohltat nicht leicht und mit Anstrengung verbunden, die Anlass dazu gibt, eine Sache noch mehr zu lieben. Denn alles, was man mit Anstrengung geschafft hat, liebt man umso mehr.

Kapitel 8: Hier wird das Problem diskutiert, ob Selbstliebe gestattet ist. Nach der allgemeinen Auffassung wird Selbstliebe verabscheut, weil dabei an diejenigen Menschen gedacht wird, die aus übertriebener Selbstliebe nur für sich selbst ein Vorteil haben wollen und der nur für sich, niemals aber für andere handelt. Aristoteles verdeutlicht aber, dass ein ethisch vortrefflicher Mensch ebenfalls Selbstliebe besitzt, aber einem guten Sinne. Er teilt sich selbst das Schönst und Edelst zu, nämlich die Ehre, indem er anderen Wohltaten erweist oder auf sein Vorteil verzichtet, ja sogar sein Leben geben würde. Dabei haben immer auch andere Menschen einen Nutzen, das heißt, dass der ethisch vortreffliche Mensch sich selbst das Edlere gönnt, während andere ebenfalls auf ihre Kosten kommen. In so einer Form ist Selbstliebe gestattet.

Kapitel 9: Werden Freunde benötigt, damit man glücklich sein kann? Auf diese Frage hin gibt Aristoteles ein klares Ja und begründet dies folgendermaßen: Ein in sich vollendeter Mensch besitzt alle Tugenden und Güter, in dieser Hinsicht braucht er also nichts. Doch ein Mensch, auch ein in sich vollendet Glücklicher, ist von Natur aus dazu erschaffen, in einer Gemeinschaft zu leben. Niemand möchte für sich alleine alle Güter besitzen, daher braucht ein Mensch jemanden, dem er Gutes tun kann. Weiterhin stellt das Leben, das Dasein für jeden Menschen den höchsten Gegenstand der Wahl dar, es ist an sich wertvoll und lustvoll. Wenn also das Dasein an sich wünschenswert ist, dann auch das Dasein des Freundes, welches ja ein zweites Ich ist.

Kapitel 10: Hier wird die Frage gestellt, ob man möglichst viele Freunde haben sollte. Für Aristoteles ist es nicht möglich, eine tiefe und starke Freundschaft zu vielen Menschen zu pflegen. Solch eine Freundschaft zeichnet sich dadurch aus, dass man Freude und Leid mit dem Freund empfindet. Hätte man viele echte Freundschaften, so ließe sich dieser Aspekt gar nicht verwirklichen, da es sein könnte, dass man zum selben Zeitpunkt mit einem Freund Trauer und mit dem anderen Freude empfinden soll. Wenn man also tiefe Freundschaften haben möchte, so muss man sich damit begnügen, diese nur mit ein paar ausgewählten Menschen zu tun.

Kapitel 11: Bedarf man der Freunde eher in Zeiten des Glücks oder des Unglücks? In Zeiten des Unglücks sind Freunde notwendig, in Zeiten des Glücks ist es edel und schön, sie zu haben. Aber in jedem Fall sind sie eine Erleichterung, weil sie das Leid teilen und weil allein ihre Gegenwart das Leid minimiert, da sie etwas Tröstliches an sich haben. Man sollte aber versuchen, seine Freunde so wenig wie möglich an seinem Leid teilhaben zu lassen, weil man sie nicht auch traurig machen soll, jedoch sollten sie Anteil am Glück haben.

Kapitel 12: Das Beste für Freunde ist das Zusammenleben, denn es bereitet die größte Freude. Mitunter fördert man das Gute in sich, da man Tugenden von Freunden übernimmt und internalisiert.